내 안의 바다

내 안의 바다

노유정 제4시집

도서출판 책나라

|시인의 말|

가장 아픈 계절에
가장 기쁜 시집을 상재 한다
남편을 보낸 계절이라 슬프고
옥동자 시집을 출간하는 계절이라 기쁘다
슬픔과 기쁨이 범벅일 때 그 맛이 이런 걸까
화려한 겉포장 뒤에 진실이 숨어 우는 소리를
들어주는 사람이 시인이라 생각한다
그 신비한 고독을 만나
언제쯤 멋진 시어들의 신세계를 열어갈 수 있을까
오늘도 나의 독백은
시인은 사라져도 시는 태양처럼 떠오른다
늘 독자님들께 감사드린다

2021년 11월, 해운대에서
시인 노 유 정

| 차 례 |

시인의 말

1 내 안의 바다

내 안의 바다 • 12
3월의 손님 • 13
5대 골절 • 14
가능의 물 한 잔 • 16
개나리 • 17
가을비 • 18
굿바이 찰스 • 20
그 섬 못 잊어 • 22
그 어떤 신비 • 24
개업 떡 • 26
그대여 • 27
그리운 물결 • 28
그리운 어머니 • 29
기도 1 • 32
기도 2 • 34
꽃 초밥 • 35
나는 오늘도 그대가 그립다 • 36
낙엽 손님 • 38
내가 잠시 졸았소 • 39

2 냉면 같은 사랑

42 • 냉면 같은 사랑
44 • 금정산성의 현존
45 • 너 자신에게
46 • 네가 있기에
47 • 늘 푸른 의지
48 • 다대포의 낙조
50 • 코코와 도담
51 • 돛단배
52 • 마로니에 나무 아래서
54 • 만남과 이별
56 • 말없이 그 길을
58 • 애원
60 • 목련꽃
62 • 동백꽃
63 • 수채화 한 컷
64 • 미국에서 보내온 소포
65 • 미안해
66 • 민들레
67 • 그 바다

3 바다의 노래

바다의 노래 • 70
그리운 바다 • 71
바람의 연가 • 72
두릅의 긍정 • 73
온천천의 봄 • 74
부디 자비를 베풀어 주소서 • 76
그리고 봄 • 78
부평초 • 79
불면의 밤에는 • 80
비단 인연 • 81
비창 • 82
빛 바다 축제 • 83
빛들의 위로 • 86
사랑은 • 88

4 숲의 침묵

- 92 • 숲의 침묵
- 94 • 변함없는 마음
- 96 • 사랑의 채찍
- 98 • 사랑의 종소리
- 99 • 사랑이 남긴 흔적
- 100 • 사진첩 속에
- 101 • 산다는 건
- 102 • 삶의 신비
- 103 • 새해에는
- 104 • 생의 아픈 우수에 젖어
- 105 • 상송 뗏목
- 106 • 서산 낙조
- 107 • 세상 이치
- 108 • 소상공인의 귀가
- 110 • 수술은 굿이래요
- 112 • 술
- 114 • 응급실 이야기
- 116 • 수선화
- 117 • 그리운 물결

1부

내 안의 바다

내 안의 바다

아침 바다가
잔잔한 은빛 윤슬 토해 낼 때
하얀 등대 보이는 해운대 동백섬 팔각정에 앉아
허기진 인생 신음 섞인 운명 떠올린다

무슨 운명이
아버지 똥 파내고 어머니 똥 파내고
남편 항암 부작용 변비로 또 다시 똥을 파내다니
이것이 정녕 내 인생의 얼룩인가

철썩 처 얼 썩
오늘도 내 안에서 허기져 피는 파도
어서 빨리 이 고통 가져가 다오
현해탄 쪽 바라보며 이슬 한두 방울

내 안의 바다여
수면 잔잔하고 평화로운데
너도 내 아린 맘같이 속 울음 울고 있니

3월의 손님

촉촉이 내리는 봄비
발아로 갈증 겪는 꽃나무 적신다
어느 날 꽃 소식같이
인생도 다시 피어난다면

눈 덮인 산맥 넘고
비바람 휘몰아친 들판 지나
초록 생명 꿈틀대는 신비
저 동쪽 광야에도 새봄이 왔구나
3월의 손님 따라 무지개 필 때
연분홍 치마 같은 그리움도 왔구나

5대 골절

마중 나온 칼바람은 첫 추위가 되고
빙판에서 여류 시인 엉덩방아 찧는 소리
자연인에 장작 쪼개는 소리 허리뼈 우지지직
하늘과 땅의 사다리 무너지고
천둥 번개 우르르 쾅쾅

엑스레이는 이상 무
한의원 물리 치료 10일 이상 차도 없음
다시 시티 촬영하니
흉추 12번 요추 1번 실금이라

혹독한 계절도 목이 말랐나
한 줄기 내 눈물에 갈증 적시려고
이 고통문 나가려면 적어도 3~4개월
먼 타국 땅도 맨손으로 휘었는데
이까짓 거 뭐

생의 게임에서 새로운 5대 골절
통증을 이겨 내기까지 얼음은 언제 녹을지
신이시여!
조각난 뼈로 다시 튼실한 집 지어 주시고
굳센 의지는 항상 나의 친구 되게 하소서

가능의 물 한잔

하루를 끝내고 밤 11시 30분
혼자 물 한 잔 마신다
남편과 함께 이야기하던 그의 빈자리

가족이라고는 딱 세 사람 중
딸은 결혼하고
남편은 병으로 입원하고

암이란 이웃 나라 이야기인 줄
그저 남의 이야기인 줄
아아! 아아!

평생 함께해 온 벗님 자리 물끄러미 본다
치아 앙다물고 일할 땐 느끼지 못한 공허감

이 처연한 마음
물 한 잔에 한 움큼의 달빛 담아
불가능을 가능으로 벌컥벌컥 마신다

개나리

너를 보고도
즐거워하지 않으면 인생인가

너를 보고도
감탄하지 않으면 영혼인가

어여쁜 너를 보고도
사랑에 빠지지 않는다면 정녕

샛노란 꽃무더기의 함박웃음
봄의 전령 개나리를 보고도

가을비

가을비
네가 다녀가면
가을은 정녕 가을로 깊어질 수밖에

미세한 먼지와 더러운 얼룩이
앙금으로 고여 있는
내 영혼 깨끗하게 씻어 주렴

어떤 청소 도구와 청량제보다
우주를 말끔하게 만드는
너의 기술로

가을비 내리던 날
사랑도 생경하던 시절

그 시절 겁 없이 사랑했고
부모님껜 생각 없이 반항했네
내 젊은 날의 페이지

무거웠던 삶의 추
그때 모든 이치 진작 깨달았다면…

다시 가을비 내리고
그 우산 속에서
젊은 날이 걸어간다

굿바이 챨스(가롤로)

시인 배 챨스님!
천국으로 잘 가요 그대에게서는
언제나 잘 익은 풀 냄새가 났어요
1년 동안 혹독한 투병에서도
결코 패배하지 않았어요
도저히 물리칠 수 없는 암과의 사투에서
당신은 절대 그 이상의 승자였습니다
주검의 예시 앞에서도
삶의 존재감과 의지는 불변했으니까요
위대한 그대 나의 동반자여
세찬 바람과 아픔이 차오를 때
회색빛 시간들은 포도주같이 익고
술병들은 쓰러져도 마지막까지 보여준
장렬한 한 판입니다
빛바랜 추억들을 침상에 끼고 누워 있어도
방금 숲에서 빠져나온 새들처럼
환한 선비의 기백만은 역력했지요
그대는 문학의 진한 풀 향기 피우며

대쪽같이 훌륭한 이 나라의 문인입니다
2021년 8월 29일 당신을 떠나보낸 계절이
아프게 울고 있습니다
천국문 열리는 그곳으로
풀잎 사랑 데리고 잘 가세요
시인 배챨스!
사랑하는 나의 님 안녕!
안녕히~

- 노유정 시인 올림

그 섬 못 잊어

그 섬에는
남훈, 전달문 시인님의 문학관이 있다
시린 재 가슴에 담아
끝끝내 이루지 못한 망향의 한

조국 바다 섬 떠나
이국 바다 섬이 되어버린
애국 시인 남훈 스승님

아, 스승님!
고향에 두고 온 그 섬 못 잊어
하얗게 타버린 님의 탄식이여

제주 우도항
그 포구 고깃배 만선일 때
갈매기 환호 같이 찾아오시어

심오한 님의 철학 물결에 싣고
문학 향한 힘찬 노 저어서
섬 속의 섬 우도로 다시 오소서

스승님의 그리움이 한으로 타서
벌건 향수로 물들여지는 그 섬 못 잊어

그 어떤 신비

초록이 대지 물들이는 계절
부산시 금정구 오륜 본동 땅 뫼산 숲길
시화 감상하다 고마운 인연 떠오른다

챨스 시인 쾌유하라 보내온
버섯과 과일 박스

제주에서 보내온
전복과 생선 오렌지와 비트 즙
각종 건강식품과 예쁜 떡 보따리까지

감동에 전율 되어 빗물 내린다
내가 알던 그들은 천사의 날개인가

이렇게 검게 타버린 가슴에
신비한 역동의 흐름이라니

온 들녘에 무지개꽃 피어나고
새들 노랫소리 흥겨워지면
그대 치유 되리라

그대 마음 내 마음도
그 어떤 신비에 물들리라

개업 떡

개업 떡 돌릴 때
이웃의 미소 보며 옛날 회상한다

조상님 제사, 밤 12시에 끝나면
자정 넘어도 이웃에게 음식 나누던
넉넉하지 못해 허기진 시절
졸음이 와도 잠들지 않고
제사 음식 나눌 때까지 기다려 주던 이웃들

바람 부는 언덕길로
가시리
가시리
가시고 없는 부모님께서
제사 때마다 살갑게 나누시던 그 정
개업 핑계로 떡 돌릴 때
사랑과 그리운 콩고물에 묻혀
흐뭇하게 미소하는 떡 보며

그대여

그대여
현실을 너무 걱정 말아요
삶이란 다 그런 거예요
살다 보면 누구나 다 아프죠
다행히 좋은 날 신나는 날도
이슬비처럼 내리잖아요
자 힘내세요
그대의 어깨 수술과
나의 관절염도 시간에 맡겨요
이성과 합리가 마비된 세상에
우리가 잠시 머물러 있지만요
소소한 우리들의 삶도 시간이 흐르면
그리운 꽃송이로 피어나겠지요
고통과 번민 절망의 낭떠러지라도
응원의 채찍이자 박수로 받아들여요
자, 마음부터 곧게 바르게 펴봐요
그대여 이제부터 다시 화이팅!

그리운 물결

그대 가고 없는 밤
침묵의 바다는 어떤 생각하고 있을까
광안대교 아래 등댓불 반짝일 때
우리가 지나간 요트장도 쓸쓸하다

문학의 깊은 가치 담겨있는
그대 영혼 속에 기록된 우리 역사
진실에 강한 그대 떠올리며
그대 몫까지 열심히 살리라

그대 떠난 이 바다에 계절은 물들고
우리 사랑 파도로 거침없으니
그리운 물결 되어 애모하리라

그리운 어머니

어머니!
자식 향한 임의 숭고
어찌 말로 다 표현할 수 있을까요
이 세상 그 어떤 삶보다 훌륭하고 고귀한 생
엮어가신 내 어머니시여!
슬픔일랑 이제 그만 접으십시오
존경하올 어머니!
지금 이 남매의 애절한 노랫소리 들리시나요
당신의 삶에 다시 감사드립니다
남매 위해 30년 넘는 나이 차도 마다 않으시고
할아버지와 부부 연을 맺어
20년 질곡을 살다 가신 처절한 인고를요!
동백꽃보다 진한 맺힘의 그 절규
어찌 잊을 수 있나요
하늘나라에서는 아픈 환자라고
구박받지 마시고 행복하십시오!

대소변 걱정으로 식사를 거부하던 배고픔도
이제는 잊으십시오
저희 남매의 많은 불효 다 용서해 주십시오!
당신의 인생 여정에
저희 남매가 얼마나 큰 아픔이었으며
무거운 짐이었을까요
당신께서는 온몸 다 태우시고도 부족하여
온 일생을 바쳐 주셨습니다
모진 비바람과 광풍이 몰아치는
험난한 황야에서도 자식들을
굳건히 지켜 주셨습니다
그 엄청난 모정에 저희 남매
최고의 경의와 힘찬 박수 보냅니다!

박분진 어머니께서 남기신 고귀한 희생은
결코 헛되지 않고 미래의 초석이 될 것입니다
그리운 어머니시여!

부디 평안히 영면하소서!
금정산 저 높고 후미진 산길마다
어린 자식 등에 업고
부처님 문전 찾아갈 때
골짜기마다 뿌려놓은 보배가루의 공덕을요
당신의 고귀한 생애는
척박한 대지에서도 유를 창조하시고
가루분粉 보배진珍으로 누구보다 귀한 삶
살다 가셨기에 자자손손子子孫孫
영모슇母 하리이다.

기도 1

신이시여
내가 죽으면
피곤한 이 쉬어 가는
편안한 바위 되게 하소서

또는 시원한 그늘 주는
큰 나무 되게 하소서

아니면 배고픈 이에게 유익이 되는
맛있는 과일이 되게 하소서

그래도 아니 되면
가지마다 희망으로 머물다가는
아름다운 꽃으로 반발하게 하소서

나의 전생과 이생에
다 갚지 못한 사랑의 채무를
내 영혼과 육신이 죽어서라도

갚을 수 있는 그 무엇이 되게 하소서

주여 이 기도를 꼭 들어주소서

기도 2

하느님!
하늘 우러러 한 점 부끄럼 없이 살아온
내 남편 배 찰스에게 자비를 베푸소서

혹독한 대지에서
어두운 칠흑 뚫고 여기까지 왔습니다
제발 고통은 그만 거두어 주십시오

우리 소원인 부자는 아니어도
유일한 건강만 허락해 주소서

그리하여
우리 부부 슬픈 골짜기 벗어나게 하소서

주님!
예수님 수난 생각하시고 자비 베푸시어
치유의 잔 높이 들게 하소서

꽃 초밥

행복이 따라온 날
색깔도 참 예쁜
아기자기한 꽃 초밥
입으로도
눈으로도
먹기조차 아까워 마음으로 먹는다
병문안 오신 지인께서 대접해준 음식
위로받은 꽃 식사에
이미 완쾌된 듯한 내 건강
수저들도 맛있다며 포만감 드러낸다
나눔을 실천한 이는 시간이 지나도
세월 먹은 사진같이 이 맘에 남으리
꽃향기보다 진하게 오래오래 남으리

나는 오늘도 그대가 그립다

제주도 성 이시돌 아름다운 복지 병원
나의 남편 챨스 시인은
고요 속에서 아베마리(Ave Maila)를 들으며
점심 잠을 맛있게 자고 있다

점심 잠이 끝나면
푸른 하늘과 하얀 구름
초록 들판에 있는 흑갈색 말들과
아내를 동행하여 어머니의 대지인
초원으로 나들이 떠날 것이다
머지않아 다가올 예감의 옷을 디자인하며

언젠가 허무의 하늘 아래 떠도는
외로운 유성이 되면
그때가 되면 하늘의 순명으로 다가갈 수 있도록
제발 챨스를 이 세상에
조금만 더 붙들 수는 없는가
가장 얇은 외로움에서

가장 깊은 슬픔의 골짜기까지
우리는 함께 해야 하기에

병마와 악마들이 조난당하면
이 경악스런 일들은
한나절 꿈으로 희석되지 않을까
꿈이 아니고서는 있을 수 없는 일
절망도 우리 가르지 못할 것
내 사랑 그대에게 바치고
그대 목숨 내게 맡긴 순정한 세월이여
아픈 그대 내 곁에 있어도
파도 같이 밀려갈까 염려되어
나는 오늘도 그대가 그립다

낙엽 손님

가을 잎 몇 장
손님처럼 기다리네
서로 빨리 들어오고파
나무 계단 위까지 와 있네
아름답고 찬연한 이 계절
가을이 나들이 갔다가
허기 달래려
우리 식당까지 허겁지겁 왔구나
그래 그래
가을 낭만의 계절에
너희보다 반가운 손님 내겐 더 없으리
더운밥에 고기반찬 맛있게 차려 줄게
여기도 가을 저기도 가을
가을이 지천이라
구루몽의 낙엽 밟고 가을을 노래한다

내가 잠시 졸았소

우리 식당 단골손님
85세 김 씨 매일 2번 출입하시는 분
소주 한 병 시켜놓고 울다가 졸다가
잠 깨고 나면 다시 또 한 잔

집 두어 채 팔아 자식들 주고
당신 떠날 때까지 소주값 조금 남겼다고
목사 아들도 교사 딸도 다 소용없다며
신께 원망 퍼붓는 신음
식당 테이블 한자리 차지하고
울다가 깨다가
깨다가 졸다가

어쩌다 나랑 눈 마주치면
허무의 거미줄에 엉킨 눈동자로
내가 잠시 졸았소

2부

냉면 같은 사랑

냉면 같은 사랑

4살 때 엄마랑 생이별하고
아빠랑 살아온 핸섬보이 훈이가
바람 같이 불쑥 식당 안으로 들어왔다

'밥 먹으러 온 게 아니고 그냥 오고파서요'
'오케이! 잘 왔어
때를 건너뛰면 안 되지요 청춘인데
냉면 어때'
'아, 속 시원한 냉면 좋아요'

뽀얀 피부의 긍정적인 마인드 훈이
엄마 정 그리울까 봐 일찌감치 유학 보내
영어의 달인이란다
가끔 사랑이 그리운 모습으로 비추어질 때
사랑의 투자 해주고픈 미남 훈이

'세상에 너부러진 많은 사랑 중
네가 원하는 냉면 사랑 꼭 있을 거야 찾아봐'

'네, 감사합니다
냉면은 언제나 땡기네요 냉면 닮은 사랑 흐'

금정산성의 현존

호국의 얼이 담긴 금정산성
가끔 정상에 올라
산새와 다람쥐와 놀던 내 유년

자연의 음향 밀어처럼 들으며
5대 사찰 불국사와
전설이 안주하는 금 샘가엔
철따라 꽃피고 꽃이 지던 산

사적 제215호 대망의 애국 성곽
옛 동산에 올라 바라본 시가지는
글로벌 시대에 눈부신 재건이다
이렇게 기쁨인데 흐르는 눈물이라

왜구 막으려 지어진 성곽 보며
역사에 담긴 증언 언제나 영원하라
금정산성의 늠름한 그 현존 앞에서

너 자신에게

사람들아 세상 원망 말고
오직 너 자신을 원망하라

모든 걱정 근심은
다
너 자신이 만든 거다

그러니
오로지 너 자신에게 그 책임 물어라

네가 있기에

네가 있기에
내 존재가 있을 뿐

나는 무의미한 것
아무것도 아닌 것

오직 네가 있기에
행복과 기쁨이 내게 존재할 뿐

늘 푸른 의지

하늘 우러러 가지 뻗은
저 침묵의 나무여
대지의 음기 하늘로 보내고
하늘 무지개는 땅으로 가져오고
계절마다 아픔 숨기고
꽃과 잎 피워 열매까지 선물 주는
오, 험한 세상에 네가 없다면
아름다운 계절을 어찌 알리오
내일의 태양이 떠오르면
우리도 너 닮은 나무가 되리
우리 비록 가진 것 없어도
늘 푸른 의지만은 간직해 있으니

다대포의 낙조

부산의 끝 다대포
갯벌에 흐드러진 낙조여
이루지 못한 사랑의 흔적인가
파노라마 속 그리움 자아낸다

첫사랑 언약이 생각나는 이 바다에
님 그림자 닮은 해안로는 정녕 꿈이련가

다대팔경 중
몰운 관해와 화손 낙조 비경아
숨 막히는 감탄사 몰운대의 풍광아

낙동강 칠백 리
그 슬픈 역사 앞에
오늘도 낙조는 붉은 눈물 흩뿌린다

사랑이 움 트고 지구가 자전하는
추억 바랜 이 자리에
위로하는 신의 숨결 다대포의 낙조여

코코와 도담

딸집 애견 코코와
동생 집 애견 도담
순 하디 순한 이들 눈망울
매일 무슨 생각 하는가
가끔 만나도
날 잊지 않고 반가워 안긴다
인간이길 거부하는 간악한 사람보다
몇 배 더 가치 있는 그들의 품격
그들의 순박함에 내 모습 비추일 때
죄 많은 나는 한없이 부끄럽다
하루에도 열두 번씩 변하는 내 마음
순수는 어디로 갔나
귀여운 코코와 의젓한 도담
그 맑은 눈망울에 나를 폭 담근다

돛단배

물가의 돛단배
오늘도 바람 비 산다라하게
의지의 노 저으며 가요
은가람하게 멀어져간 시간들이 아쉬워
아스라이 떠난 갯마을에
돛단배가 실어 나른 낭만
아직도 물새 노래
라온힐조 같이 들려와요
말 없는 강가에
옛 그림자가 남겨둔 물의 여울
내 젊음 싣고 간 그리운 돛단배여

마로니에 나무 아래서

마로니에 나무 아래서
옛사랑의 그림자가 분수 뿜는다
부산 펜 회원들의 못다 한 사랑
그리움 담긴 시화전

2020년 코로나의 암울한 현실 앞에
가슴 터지게 울고 싶지만
희망의 날개 살짝 펼친다

오, 마로니에
이렇게 두근거리는 계절이 오면
이 광장을 10년 넘게
총총걸음 얼마나 흔적 남겼던가

길손들이 걸음 멈추어
작품 앞에 오래 오래 서 있으면
시계 바늘 삼켜대던 앙가슴

희망과 허무가 교차되는 계절에는
마로니에 나무 아래서
구중궁궐 어머니의 안락한 자궁이
대문 활짝 열어준다

만남과 이별

사막 길을 걷다 보면
때로는 바람 비 태풍도 만난다
갈증이 넘치는 모래사막 오아시스라도 만나면
그 기쁨 어찌 표현 하리오
우리 인생도 이와 같은 것

어느 날 병실에서 만난 환우여
그대 정들자 퇴원이라니
이제 다시는 아프지 말아요

먼 훗날 우리가 해후하는 장소는
별빛과 낭만이 내리고
기쁨과 환희가 넘치는 그곳으로 정해요
짧은 시간이지만 즐거웠어요
이제는 행복바구니 철철 넘치게 사세요

두근거리던 만남과 아쉬운 이별 밟고
인생의 징검다리 잘 건너가세요

퇴원을 축하해요
안녕히…

말없이 그 길을

꼬마 무 다듬는 어머니
부엌칼 들고 손질하는 모습 예술이다
시든 잎사귀 골라내고
푸르고 싱싱한 잎사귀만 골라
깨끗하게 씻고 또 씻어 소금물에 절구어
두어 시간 있다가
마늘, 생강, 배, 양파, 빨간 생고추 함께 갈아
찹쌀풀 끓인 국물에 통깨 뿌려 마감한다
아, 우리 어머니
물김치 담그는 솜씨도 빠르고 오묘해라
손 씻고 거울 보니
오 마이갓!
이 이는 누구신가
다정한 어머니 모습에 딸 얼굴 겹쳐있네
어머니는 가고 없는데
어머니 환영 쫓아 헤매는 여심
내 어머니 하던 일
그 향기 따라 딸이 걷고 있네

누가 시킨 적 없어도
딸은 그 길을 말없이 가고 있네

애원

의사 선생님께 면담하다 애원했다
선생님!
췌장암 환자 아내입니다
절망은 희망이 될 수 있겠습니까
선생님만 믿습니다

선생님!
최선 다해 제 남편 좀 살려주십시오
오늘 이 참담한 절망도
내일의 희망으로 갈 수 있도록요
꼭꼭 부탁합니다

네,
부질없는 욕심 다 버릴게요
모든 것 가볍게 내려놓을게요
제 목숨과도 바꾸라면 바꿀게요

선생님 의사 선생님
나의 남편만은 제발 살려내십시오
이렇게 이렇게 애원합니다

목련꽃

너는 언제나 그 자리에서
신묘하기 그지없는 꽃을 피운다

너 만나면 감탄사 저절로 터지는데
첫사랑 같은 설렘인데
이 봄은 슬픔과 눈물만 가득하다

봄이 와도 즐겁지 않고
꽃이 피어도 신나지 않는
내 눈물의 의미 알 것 같구나

내가 걸어온 슬픔의 긴 터널에는
언제나 우아한 너의 위로 있었건만

중국 우한발 코로나의 봄은
꽃 중의 꽃 포근히 안아주고픈 너 보고도
무감각한 로봇이 되어 버렸네
그래서 더 미안해

목련아
봄 가면 너도 울고 나도 울고
봄 오면 너도 웃고 나도 웃자
슬픔 봄 아닌 기쁨 봄 데려와서

동백꽃

누가 이토록
사무친 그리움 노래할 수 있는가

누가 이토록
사랑의 진한 핏빛 토해 낼 수 있는가

강추위 칼바람 모두 이겨 내고
시린 겨울 한가운데 서서
오묘하고 신비한 정열 피우나니

누가
누가
이 치열한 연정에 박수치지 않으리

수채화 한 컷

지나가 버린 시간은
기억의 저편 호숫가의 파문
시간 속에 두고 온 추억 페이지
몇몇 해 고이 접힌 책갈피일 뿐
눈 감으면 보이는 청춘의 무지개
지금 내 곁에는
검정과 회색이 슬픔 같은 수채화가
세월을 짊어지고 서 있다
젊을 땐 아이들 키워낸다고
힘들게 고생만 한 부부이기에
저 무채색의 빗줄기도
진한 연민 터트린다

미국에서 보내온 소포

감동이란 이런 건가요
딸내미 지인이 보내온
정성 가득 소포와 편지
그리고 100불 달러 한 장

지 아부지 아프다고 말했더니
사랑 담긴 사연과
아부지 식사 한 번 대접하라고 적혔단다
아, 이것이 진정한 우정인가

지구의 반대편
태평양 너머에서 날아온 소포
인정과 순정이 메말라버린 내게
따스한 봄으로 안겨 온 오후

미안해

어느 봄날 꽃잎으로 처음 만나
열매 맺기 위한 분망과 치열 속에
그대 아픔 그대 고통
미처 깨닫지 못해 더 미안해

하늘의 달과 별들이
좁은 골목 바닥에 쏟아져 내려와
위로의 기타 송 불러주어도
아픔 대신 할 수 없어 울컥한 마음
그래서 더 미안해

구름 꽃송이 가로수 길 위에
아름다운 판타지 연출하고
새들의 노랫소리 흥겨워도

그럴수록 나는
핏빛 애잔한 그대 생각에 그냥 미안해

민들레

발길에 채일까 밟힐까
조심조심 걷는다
다정한 시골 흙길에서도
삭막한 도시 콘크리트 인도에서도

겨울의 뒤안길서 제일 먼저 찾아와
봄소식 유감없이 속삭여주는
연약하지만 누구보다 강인해라

우울과 슬픔의 그림자로 걷다가도
빛 닮은 봄 요정 희망 배달 너 만나면
기쁨이 찾아와 조건 없이 웃는 하루

앙증한 몸짓으로
내 영혼 지배하는 민들레여라

그 바다

푸른 물결 춤추는 바다
침묵의 인정이 출렁거린다
하루가 가고
한 달이 가고
한해가 지나도 변함없는 너
사람은 감정의 기복에 따라
언제 그랬냐는 듯 등 돌리지만
가자 가자 바다로 가자
흥남 부두 바다는
내 할아버지 살려내고
부산 자갈치 바다는
내 할머니께 위로 준
가자 가자
불멸의 바다 생명의 바다로

3부

바다의 노래

바다의 노래

누가 나를 바다라 부르는가
먼 수평선 넘어 그리운 꿈을
퍼 올리다가
퍼 올리다가
님의 환영에 배 띄워 돛을 올린다

어느 골짜기 어느 강에서 흘러왔던지
나의 이름은 오직 푸른 바다다

현해탄 태평양 대서양 인도양을 가르는 희망의 바다다
고래가 춤추고 자유가 비상하는 꿈의 바다다

만날 날 기약하는 축복 태우고
그리움 힘차게 노 저어간다

그리운 바다

철썩철썩 바다여 서럽게 울지마라
너의 염원 내가 안다

실향민의 향수 절인 통일의 염원
부부와 고부간의 엉킨 실타래
기아와 질병을 타파하려는 염원
사랑의 슬픔을 기쁨으로 승화하려는 염원

아, 바다는 아버지 품 같은 저 넓은 바다는
우리의 짜디짠 눈물 모아 소금 만들고 생명 나눈다

인생의 절박보다 더 간절한 염원
삶의 괴로움과 외로움을 위로처럼 달래주는
저 심해는 오늘도 지친 삶에 등댓불 밝혀준다

바람의 연가

아무도 모른다 바람의 숨겨진 연가를

그녀를 만나 행복했던 젊은 날의 이야기

굳이 말없이 꽁꽁 숨겨도 그녀는 안다

지금은 낙엽으로 켜켜이 쌓여 사위고 산화된

젊은 날의 꿈과 꽃 같은 구름으로 피워낸 사연을

오늘도 바람은 그녀 보고파

먼 허공에 깨알 닮은 연서 보낸다

사랑의 연가는 화살 같은 순간이 아니라

시간이 지나갈수록 보약보다 더 진하게 우러난다는 것을

두릅의 긍정

봄비가 내린다 사온 두릅에 붙어있는 가지를

화분에 심고 발코니에 내어 비를 맞힌다

두릅나무야 봄비 맞으며 튼실히 자라 살찐 두릅으로 쑥쑥 커다오

병마에 지친 남편 위해 희생의 제물이 되어주렴

봄비 속에 살며시 미소하는 두릅은 아마도 긍정일게다

내리는 봄비도 공감하며 춤춘다

온천천의 봄

계절은 봄으로 안착
우주의 꽃들 순산 고통 터진다
동백꽃 그 진한 핏빛 그리움은
겨울부터 봄 향연까지 이어오고

꽃들은 얼마나 더 슬퍼야 슬픔이며
얼마나 더 그리워야 그리움일까

고통 속에서도 기쁨 찾고
꽃들이여 슬픔은 뒤로하고
그리움도 숨겨놓고 정처 없이
하염없이 흘러온 인생인데

봄날은 향연 펼칠 카운트다운
부산시 동래구 온천천의 봄
그리움으로 흘러가는 시냇가
버들강아지 꼬리 흔드는 애교 보라

저 하늘 구름과 오리무리
재두루미 비둘기 참새 떼들도
멋진 오케스트라 연주하며 간다

부디 자비를 베풀어 주소서

하느님!
가장 찬란한 아침입니다
하늘 우러러 한 점
부끄럼 없이 살아온 내 남편
챨스에게 자비를 베푸소서

우리 부부 삶 중에서
가장 혹독한 시련이자 형벌입니다
칠흑 같은 어두움 모두 뚫고
여기까지 왔습니다 제발
고통은 거두어 주십시오

이제 우리 부부에게
가장 찬란한 여름 만날 수 있게 도와주십시오
그리하여 승리의 잔을 높이 건배하게 해주십시오

주님!
기적이란 것도 있다고 들었습니다

그 기적의 주인공이 될 수 있도록
은총 베풀어 주옵소서

못다 한 선행이 있다면
숙제로 다시 주십시오

미처 깨닫지 못한 잘못에 대해서도
통회합니다
거듭거듭 속죄하오니
부디 자비를 베풀어 주소서

그리고 봄

세상 만물이 기지개 켜네

봄꽃 봄나물 잡초들이 밭아 향한 준비에 바쁘네

곧 봄의 화려한 여신이 코로나도 보자기로 덮어 버리고

들리지 않는 속삭임

사랑의 결실로 산천에 여기저기 꽃 아기 순산하면

앞산 뒷산 온 마을에 봄이 진동하겠네

부평초

부평초
너 울었지
돌 틈 사이에 갇혀

너 보았지
세상일 모두가
서로 엉켜 있는 거

너 알지
너나 나나
고뇌하며 산다는 그거

불면의 밤에는

가끔 발병하는 나의 불면
마음이 청량하고 청빈하면 불면도 없으련만

호기심은 이기심이 되고
욕심은 명예욕이 되고
탐욕은 허망한 재물욕이 되는구나

내 마음 더욱 청빈으로 채워져야 한다
이 세상 모든 것 다 내려놓고 그래야 한다
불면이 찾아온 밤에는
지난 일도 다가올 일에 대해서도
지극히 겸손해야만 한다

연인에게는 배려하고 이해하듯
그런 아름다운 그림 남겨야 한다
불면은 그런 밤이어야 한다
빼곡한 현실 상조相助하는 밤

비단 인연

그땐 왜 그랬을까
바보 같은 젊음아
맺지 못할 인연에 안타까운 영혼아

다시는 뒤돌아보지 말자
냉정으로 무장하고
튼실한 열쇠로 잠가버린 마음
이제는 후회하네 내 젊은 소치를

한 번쯤 조선 시대 여인이 되어
격조 있는 베틀에 앉아
인연의 비단 다시 짜며 그렇게 살 것을

길다면 길고 짧다면 짧은 생
또 다시 오려나 언제 오려나
바람 따라 가버린 내 비단 인연아

비창

그대 서러운 의지의 날갯짓
암과의 사투에 몰입하는 하루
이제부터 세상 만물에게 정 주기 하지 말자

그리고 아픔 너도 너무해 고통 그만 줘
마스크 세월 이건 또 뭐야 언제까지
이렇게 살아 산소가 그리워도 참아야 하나

우린 엘 에이치 투기도 엘시티 의혹도 한 점 없는데
이건 분명 어이없어 희망의 탈출구를 찾아봐야 해

약속된 벚꽃은 쑤욱 쑥 순산하는데
청춘의 봄날 화려한 외출은
언감생심 남편 고통은 바로 나의 것
오오, 어찌하나 이 애환 이 비창을

빛 바다 축제

빛 바다 축제여
이 저녁 푸른빛의 금빛 은빛 파도여
하얀 반달도 벤치 되어 내려와
외로운 나그네 기다리는데

훤하게 불 밝힌 화이트 궁전에는
오늘 하루만이라도 왕이 되고
왕비가 되어 행복 만끽하라고

빛 대문 활짝 열려 있다
관광 도시 특성 극대화 시킨
해운대 빛의 축제여라

빛 먹고 빛 밝히는
나무 굴뚝 사이로 피워내는
사랑아 희망의 새해를 맞이하며
이 행복한 축제는 어느 나라 잔치인가

바다 나무 황홀한 빛
세모에 서서 명랑 찾아 두리번
이렇게 억지라도 기뻐지면 좋으리

오색빛 바닷길 잠시 걷다 보니
저기 빛 바다가 꽃가마에 수줍은
은빛 무지개 타고 내려오는 너를 반긴다

새해가 오기 전
이렇게 행복한 세모의 밤에 나는 말했네
코로나여 너는 빛 바다에서
밤 파도 타고 다시 하늘로 올라가
영원히 사라져다오

희망 피운 함박꽃도 해운대 축제에선
황홀한 봉황 되었네 빛이 말하네
나의 옷자락 놓지 말고
나를 그대 품에 포근히 감싸보라고

해운대 빛 바다 그 하얗고 푸른 꿈
펼쳐진 신비한 축제에 우리는
오랜만에 많이 많이 행복하였노라 전하네

빛들의 위로

밤빛
저 아름다운 야경은
우리 집 베란다 위해 존재하는가

냉장고
캔 맥주로 목축이며
맥주 한 잔에 창밖 풍광 한 점 떼어먹고
또 한 잔 마시고 야경 한 가닥 찢어 씹고

코로나 때문인가
남편 병동은 보호자도 퇴출
췌장암 근심 걱정 어느새
몇 달 밤풍광에 털어낸다

고민이 있어야 반성도 있는 법
빛들도 고민할까
어떤 허무 느낄까

걱정과 번민 빛 보고 달래며
맥주 두어 잔에 어깨 풀린 시인이여

그 어깨너머로
밤과 함께 소곤대는
빛들의 위로

사랑은

사랑은
뽀얀 아지랑이 숲길 걸어와
오색 꿈 토하는 영롱한 무지개

별들이 가득 담긴
항아리 안에서
오늘도 쉼 없이 발효되는 진한 맛

다이아몬드보다 단단하고
태양보다 뜨거우며
솜사탕같이 달보드레한
느낌으로 영혼 불태우는 향연

여기저기서 내뿜는
사랑의 얕은 숨소리
어지러워 어지러워라

에로스와 아가페가

꽃나비 되어 어울리는
얼쑤 한 마당
그 이름 사랑이어라

4부

숲의 침묵

숲의 침묵

딸이 예약해준 온천 호텔
섬은 아닌데 사면이 바다 같다
압도되는 풍광 무아에 빠진다

일본
몇 번 와도 일본 몰랐건만
이제야 일본이 그 모습 드러낸다

온천에서 바라본
저기 저 짙고 빼곡한 솔밭
표정 보아라

수많은 이야기 간직한 듯
하늘과 바다 보며 말이 없구나

일본의 힘이 저 숲에 담겼구나
거인의 나라를 겁 없이 공격하고
약한 나라는 송두리째 먹어치운

일본의 지난 잘못과 실수들을

숲들아!
너희는 알지만 모른 척 하는구나
정녕 부끄러운 회한으로
오로지 침묵하며 입 꽉 다문 채로

변함없는 마음

그리움 피어나는 강가
봄 언덕
꽃으로 피어나고 싶어요

목숨 바쳐 사랑하여
피보다 진한 정열꽃 피울래요

그리운 마음 모아
편지 꼭꼭 눌러 쓰면
가을의 엽서처럼 화답 주세요

눈밭 속에서도
애절히 그대 이름 부른다면
수선화 고운 눈물 닦아 주세요

봄 여름 가을 겨울
계절은 바뀌어도 변함없는 마음으로
그대 기다린다면

귀한 님 걸음으로
날 찾아주겠지요

사랑의 채찍

사랑의 채찍은 어떤 것인가

성인이 되기까지 보살펴주신
부모님의 사랑 회초리

시인이 되기까지 이끌어주신
선배 선생님의 따끔한 메시지

치열한 일상 속에서도
아름다운 밭을 가꾸어 간다고
격려 보태주시는 은사님의 위로 말씀

때로는
희로애락 모두 받아 주며
영혼의 벗 되어준 친구의 덕담

그래
이 사랑의 채찍 없다면

내가 여기까지 무사히 왔을까

달면 삼키고 쓰면 뱉는
현실에서 정녕 사탕발림이 아닌
진정한 이 사랑의 채찍 없었다면

사랑의 종소리

그대
내게 들려준 사랑의 종소리
내 마음 깊이 감사 인사 전해요

추운 겨울 벌판에서
그대 내게 내민 사랑의 악수
보약 같은 원기로 마음 데웁니다

아, 이 사랑 어떻게 갚나요
먼 훗날 우리 생 다하는 그 날까지
맘에 담아 잊지 않고 화답할래요

불행의 끝에도 절망의 위기에도
내게 행복 안겨준 그대 고운 음률

그 사랑의 의미 있는 종소리여
입담으로 덕담으로 노래가 되어
온 세상에 퍼져가요

사랑이 남긴 흔적

님 사랑할 땐 갈대의 속삭임
수줍은 언약은 덜 익은 풋사과

친구 사랑할 땐 의리의 열쇠
청춘은 가고 추억만 남아

선생님 사랑할 땐 희망의 초상
장엄 속에 빛나는 태양과 달빛

부모님 사랑할 땐 물보다 진한 피
방울방울 그리운 회한만 남고

내 나라 사랑할 땐 젊음의 열정
충혼의 노도여 춤추는 파도여

주님 사랑할 땐 미세한 먼지
그저 햇살 속에서나 살짝 비칠 뿐

사진첩 속에

사진첩 속에 내 젊음 담겨 있다
여린 버들잎 같은 청춘이
삭정이가 돼 버린 지금

저쯤에 있을까
어디 있을까

긴 머리 처녀가
갈색 정장에 연미색 블라우스 받쳐 입고
갈색 구두에 연갈색 컬러 뽐내던 처녀

아슴푸레한 기억 찾으러
사진첩 속을 빠르게 눈팅 한다

세월은 녹 쌓여 가는데
내 영혼에 전설의 별처럼
반짝거리는 옛날이여

산다는 건

왜 모르겠는 가

산다는 건
가슴 속 피 토하는 생의 동력이지

어시장에서 막 잡아 올린 고기들의 춤사위지

그리워 사무친 가슴의 응어리로
영혼의 서러움 토해 내는 혼불이지

험한 세상 살아 낸다는 건 한 치 앞 모르는 미로 더듬는 지팡이인 거지

꽉 닫힌 생의 문 두드리며 살아 낸다는 건
녹슨 그 열쇠의 눈물인 거지

삶의 신비

몇 날을
천년 같은 차분한 설움 딛고
졸린 가슴 하 많구나

삶과 죽음은 종이 한 장 차이인데
삶이란 이렇게도 가슴 벅찬 환희일 줄
아서라 아무렇게나 살아도
이승이 좋은 것을

암을 뛰어넘은 아슬한 생명 곡예
내 생명 나눠 주고
그대 생명 이어받는 부부란 인연

삭풍 아린 손 모아 기도로 삶을 꿰니
검은 장막이 한참 배회하다 사라진
인생 골목 저 어디쯤에서
에헤라 에헤라 꽹과리와 북 터지는 소리

새해에는

새해 여명에
우리 모두는 두 손 모읍니다
현존하는 우리의 지난 일들이
주마등 되어 지나갑니다
실버들 휘늘어진 문학의 강가에서
선배를 따르고 후배를 다독이던
그대는 가장 순수하고 겸손한 문인
언제 어디서나 지성이 돋보이는
난초와 댓잎 닮은 임이시에
풍성한 햇살 닮은 마음의 기품이시에

다가온 금빛 새해에는 우리 모두 건안 건필을
빈 독에 풍년처럼 채워봅니다

생의 아픈 우수에 젖어

차분한 설움 밀려오는 들판에서
비바람에 낙화하는 꽃잎 본다
이별이란 카드로 아름다운 삶 정리하는
모습 섧구나
꽃피고 꽃 지는 서러운 시간 피해
낙엽이 물드는 가을의 선택을 어쩌란 말인가

인생이나 꽃잎이나 한 생 살다 보면
아픔은 순리인 것
빈혈 같은 어제는 가라
시체 닮은 오늘도 가라

오직 푸르른 그 젊음 데리고 금빛 가득한 잔치 상에서
부라보! 부라보! 건배하련다

비록 세상은 다 함께 코로나에 지치고
생의 아픈 우수에 젖어 있다 하여도

샹송 뗏목

온다는 전갈 없이
옛 친구처럼 귓전에 찾아온 너

추억 노래는 가물거리는 어제 태우고
즐거운 여행 떠나잖아

생일 선물 받은 트랜지스터로 샹송 들으며
철없이 읊었던 자작시 낭송

흐르는 추억 강물에 음악 들을 때
물 향기로 찾아온 샹송

기우뚱 기우뚱
젊은 태양 내려앉던 그 강가로
샹송 뗏목 떠내려간다

서산 낙조

서산 낙조

그래 알아 너의 혼불

정녕 잊히지 않는 그리움의 노래라는 걸

오늘도 활활 타는 네 마음의 붉은 고백

알아 알아

날마다 서산 낙조가

왜 저리 빨간 핏빛 토해 내는지

세상 이치

가난하다고 슬퍼 말고
부자라고 교만 마라

가진 자와 빈자도 언젠가는 바뀐다

구름도
항상 그 자리에만 있는 것 아니고
바람이 부는 데로 따라 가지 않더냐

부와 명예도 바람 따라 물결 따라
빈자에게 갈 수 있다

사랑도 부도 인생도 한번 떠나가면
다시 오기 어렵더라

세상 이치도 이와 똑같으니

소상공인의 귀가

피곤한 하루 데리고
소상공인이 집으로 가는 길

어둠에 먹힌 적요가 차창에 엎드릴 때
나는 어떤 말을 토해 내야 하나

이럴 때 비라도 내린다면
고독은 얼마나 더 깊어질 수 있을까
어차피 삶이란 고난의 연속

황혼 길에 접어든 연륜
갈망의 꿈은 자꾸 달아나고

어둠 깔린 밤하늘 보며
소상공인의 저열한 분배에 울컥하다

가로등 졸고 있는 아스팔트에
소금에 절여진 배추 몸 끌며

그대에게 들려줄 말의 은유 데리고
소상공인이 집으로 가는 길

수술은 굿이래요

태풍 타파 친구 삼아
KTX에 몸 실어 부산을 출발했네
태풍 타파에 들판은 술 취한 듯 쓰러지고

대한민국 아픈 이들의 수술 전문
서울대학병원 본원을 향하여
신장 이식 수술한 큰 동서
형님 만나러 무균실 환자라 면회도 아니 되고
아, 돌아서 나오는 길 기도밖에 없어라

연약한 어깨에 무거웠던 짐들
병마와 투병했던 수많은 시간들
형님! 이제 모든 걱정 묻어요
이제 다시는 아프지 마세요

수술은 굿!이래요
사랑해요 형님!
어서 빨리 완쾌해요

바람도 내 뺨 스치며 라온하제로 웃는 날

술

술들이 기다린다
냉장고 안에서 삶에 지친 나그네 위해

처음처럼 대선 좋은데이 시원
한라산 참이슬 청춘 고급 소주
클라우드 테라 카스가 나란히

소주와 맥주의 마음 누가 알리
울분 가득한 인생에게 삼켜질 때는
당연 유쾌할 수 없지만
기쁨 가득한 영혼의 목구멍으로
사르르 넘어갈 때는
자 보아라
멋진 와인은 아니지만
나도 환희의 축배주가 아니더냐
술은 왜 마시는가
지난날의 슬픈 기억과
그 어리석은 파편들을 태우기 위함인가

진정 이 세상 살아내기가 부끄럽고 부끄러워
한잔 술을 마시는가
친구여!
술 속에 녹아 있는 푸른 바다
그 무량혼의 바다를
우리 다 함께 즐겨보지 않으련

응급실 이야기

오! 마이 갓!
실수는 뇌진탕으로 이어지고
CT 촬영 위해 달려간 병원응급실

삶과 죽음의 긴장된 연속 지나가고 선생님 말씀
"다행히 머릿속엔 고인 혈연 없습니다
다친 부위만 꿰매면 됩니다"

부활의 기쁨이 이런 건가
허기진 영혼의 피곤한 초상이
어두운 터널을 빠져나온 기분

머리를 꿰매고도 유쾌할 수 있다니
더 이상 입원 없음은 천만다행
역시 괴로움은 네 것이 아닌 게지

응급실 문 나올 때
친숙한 밤이 내 손 꼭 잡고

비둘기 날갯짓으로 배웅해 주던
진짜 재수 좋은 날

수선화

고독의 창백이
너를 더욱 돋보이게 한다

눈꽃 속에서도 은은한 빛을 발하고
신비의 대명사가 되어 주는 너

사랑한다 고백 없어도
사랑 앞에 저절로 무릎 꿇게 하는 너이기에

그대
한 송이 앙증스런 꽃일 뿐인데
이렇게 내 영혼 흔들어 놓다니 그
대는 정녕 내 마음에 패치카련가

오, 인생의 목마름 채워주는 아가페 사랑
그대 한 떨기 지성의 수선화여

그리운 물결

회동수원지 물가 나무는
누가 지어 주었을까
이름도 가지가지 나무들 즐비하다

산철쭉나무 족제비사리나무 편백나무 갈참나무
상수리나무 망개나무 산벚나무 곰솔나무 때죽나무
땅비싸리나무 사방오리나무 단풍마나무 등

제각각 의젓하게 자태 자랑한다
나무 잎사귀 얼굴 각각 다르듯
전설 같은 사랑도 모두 다르리

주야로 흘러가는 호수의 여울
흔적 없이 떠나간 추억의 파노라마

우연히 떠오르는 그대 생각에
오솔길 정다운 발걸음마다
그리운 물결 노래 내 마음 적시네

노유정 제4시집

내 안의 바다

초판인쇄 2021년 12월 20일
초판발행 2021년 12월 28일

펴 낸 이	하옥이
지 은 이	노유정
펴 낸 곳	도서출판 책나라
등 록	제110-91-10104호(2004.1.14)
주 소	서울시 은평구 통일로 63길7, 1층 B호
	⑨ 03375
전 화	(02)389-0146~7
팩 스	(02)389-0147
홈페이지	http://cafe.daum.net/sinmunye
이 메 일	sinmunye@hanmail.net

값 10,000원

ⓒ 노유정, 2021

ISBN 979-11-86691-98-4 03810

* 이 책 내용의 전부 또는 일부를 재사용하려면
  저작권자와 도서출판 책나라 양측과 협의하여야 합니다.
* 저자와의 협의에 의하여 인지를 생략합니다.
* 파본은 구매 서점에서 교환하여 드립니다.